Tucholsky Wagner Zola Scott Sydow Freud Schlegel
Turgenev Fonatne Wallace
Twain Walther von der Vogelweide Fouqué Friedrich II. von Preußen
Weber Freiligrath Frey
Kant Ernst
Fechner Fichte Weiße Rose von Fallersleben Richthofen Frommel
Hölderlin
Engels Fielding Eichendorff Tacitus Dumas
Fehrs Faber Flaubert
Eliasberg Ebner Eschenbach
Maximilian I. von Habsburg Fock Zweig
Feuerbach Eliot Vergil
Ewald
Goethe London
Elisabeth von Österreich
Mendelssohn Balzac Shakespeare Dostojewski Ganghofer
Lichtenberg Rathenau Doyle Gjellerup
Trackl Stevenson Hambruch
Mommsen Tolstoi Lenz Droste-Hülshoff
Thoma Hanrieder
Dach von Arnim Hägele Hauff Humboldt
Verne
Reuter Rousseau Hagen Hauptmann Gautier
Karrillon Garschin
Defoe Baudelaire
Damaschke Hebbel
Descartes Hegel Kussmaul Herder
Wolfram von Eschenbach Schopenhauer
Darwin Dickens Rilke George
Bronner Melville Grimm Jerome
Campe Horváth Aristoteles Bebel Proust
Voltaire Federer
Bismarck Vigny Barlach Herodot
Gengenbach Heine
Storm Casanova Tersteegen Gilm Grillparzer Georgy
Lessing Langbein Gryphius
Chamberlain
Brentano Lafontaine
Strachwitz Claudius Schiller Kralik Iffland Sokrates
Schilling
Katharina II. von Rußland Bellamy
Gerstäcker Raabe Gibbon Tschechow
Löns Hesse Hoffmann Gogol Wilde Vulpius
Gleim
Luther Heym Hofmannsthal Klee Hölty Morgenstern
Roth Goedicke
Heyse Klopstock Kleist
Luxemburg Puschkin Homer Mörike
La Roche Horaz Musil
Machiavelli Kierkegaard Kraft Kraus
Navarra Aurel Musset
Lamprecht Kind Kirchhoff Hugo Moltke
Nestroy Marie de France
Laotse Ipsen Liebknecht
Nietzsche Nansen
Marx Ringelnatz
von Ossietzky Lassalle Gorki Klett Leibniz
May vom Stein Lawrence Irving
Petalozzi
Platon Knigge
Pückler Michelangelo Kock Kafka
Sachs Poe Liebermann
Korolenko
de Sade Praetorius Mistral Zetkin

Der Verlag tredition aus Hamburg veröffentlicht in der Reihe **TREDITION CLASSICS** Werke aus mehr als zwei Jahrtausenden. Diese waren zu einem Großteil vergriffen oder nur noch antiquarisch erhältlich.

Symbolfigur für **TREDITION CLASSICS** ist Johannes Gutenberg (1400 — 1468), der Erfinder des Buchdrucks mit Metalllettern und der Druckerpresse.

Mit der Buchreihe **TREDITION CLASSICS** verfolgt tredition das Ziel, tausende Klassiker der Weltliteratur verschiedener Sprachen wieder als gedruckte Bücher aufzulegen – und das weltweit!

Die Buchreihe dient zur Bewahrung der Literatur und Förderung der Kultur. Sie trägt so dazu bei, dass viele tausend Werke nicht in Vergessenheit geraten.

Griechische Bildwerke

Einleitende Bemerkungen

Max Sauerlandt

Impressum

Autor: Max Sauerlandt
Umschlagkonzept: toepferschumann, Berlin

Verlag: tredition GmbH, Hamburg
ISBN: 978-3-8424-9304-9
Printed in Germany

Max Sauerlandt

Griechische Bildwerke

Einleitende Bemerkungen

Vollständiger Buchtitel:
Griechische Bildwerke Mit über 140, darunter etwa 50 ganzseitigen, Ab-
bildungen

Düsseldorf und Leipzig 1911

Die fünfte Auflage dieses Werkes, das 81.-110. Tausend umfassend,
wurde im Sommer des Jahres 1911 für den Verlag *Karl Robert Lan-*
gewiesche bei Emil Herrmann senior in Leipzig auf Kunstdruckpa-
pier von Krause-Baumann in Dresden u. mit Galvanos von F.
Bruckmann A.-G. gedruckt.

Kapitel 0.

Wir tragen
die Trümmer ins Nichts hinüber
und klagen
über die verlorene Schöne

Wir werden nie aufhören können, auf das griechische Altertum als auf das goldene Zeitalter zurückzublicken; je enger wir uns selbst gebunden fühlen, mit um so tieferem Verlangen nach Freiheit und Natürlichkeit, je freier und natürlicher wir unser eigenes Dasein empfinden, mit um so größerer Heiterkeit und um so lebhafterem Glücksgefühl. Denn in den Griechen, diesen „frischen Jünglingen der Welt«, werden wir immer von neuem den Menschen erkennen, wie er heil und gesund zum erstenmal aus den Händen der Natur hervorgegangen ist, um in vollkommener Unbefangenheit seine Kräfte zu entfalten.

»Nicht bloß ewige Kinder waren die Griechen, wie sie der ägyptische Priester schalt, sondern auch ewige Jünglinge.« Da ist nichts erzwungen, nichts verstellt, durchaus herrscht überall die reizendste Leichtigkeit natürlichen Empfindens. Frei darf Hermes angesichts von Hephästos' Schmach vor den Göttern glühend bekennen, daß er gleichem und herberem Schimpf zum Trotz sich in der goldenen Aphrodite Arme sehne. – Wer empfände nicht, daß Gesundheit höchstes Gut ist? Wo aber hat das natürlichste Gefühl so unvergeßlichen Ausdruck gefunden wie in dem griechischen Skolion, das neben dem Glück der Gesundheit als wünschenswertestes Gut die Schönheit preist?

Kapitel 1.

»Das Höchste, wozu der Mensch gelangen kann, ist das Bewußtsein eigener Gesinnungen und Gedanken, das Erkennen seiner selbst, welches ihm die Einleitung gibt, auch fremde Gemütsarten innig zu erkennen.« Es ist in der Tat ein Zeugnis für die Klarheit des ethischen Bewußtseins der Griechen, daß unter ihnen dieser Satz, mit dem Goethe auf der Höhe des Lebens seine Beurteilung Shakespeares einleitet, schon in frühester Zeit erstes Gesetz sittlicher Bildung war. Denn jenes apollinische »Erkenne dich selbst« darf nicht in der späteren einseitigen Verkehrung als Mahnung, die eigene Schwäche zu erkennen, verstanden werden; es entspringt vielmehr ganz ursprünglich der Erkenntnis, daß der Mensch den Sinn der ihn umgebenden Welt nur in dem Maße zu begreifen imstande ist, wie er die Bedingungen und den Inhalt seines eigenen Daseins erkennt, da doch einmal der Mensch das Maß aller Dinge ist.

Wir freilich sind gewohnt, die Begriffe Selbstbewußtsein und Naivität als gegensätzlich zu empfinden. Und doch bedeutet Naivität nur, daß nicht mehr und nichts anderes geäußert wird, als in Wahrheit vorhanden ist: naiv ist jeder ganz aufrichtige Mensch. Aufrichtigkeit aber ist der Grundzug des griechischen Charakters, in dem zu allen Zeiten die Naivität mit dem höchsten Selbstbewußtsein verbunden war.

Dieses griechische Selbstbewußtsein entsprang der vollkommenen geistigen Freiheit der griechischen Menschheit. Als der Perser Hydarnes, der fürstliche Herr über Kleinasien – erzählt Herodot – spartanischen Gesandten riet, die Freundschaft des Perserkönigs zu suchen, war ihre Antwort: Wohl verstehst du dich, Hydarnes, auf die Knechtschaft, aber die Freiheit hast du nicht gekostet, du weißt nicht, ob sie süß ist oder nicht. Denn hättest du sie gekostet, so würdest du uns raten, um sie zu kämpfen, nicht mit Speeren allein, sondern noch mit Beilen. Und als denselben Gesandten angesonnen wurde, vor dem Könige niederzufallen, weigerten sie sich dessen und erklärten, sie würden es nimmer tun, auch wenn man sie mit den Köpfen auf die Erde stieße, denn ihre Gewohnheit sei es nicht, vor einem Menschen niederzufallen, und auch nicht deswegen seien sie gekommen.

Dieses bare Unvermögen, auf die freie Selbstbestimmung zu verzichten, das sich in jeder Äußerung griechischen Geistes ausspricht, ruht wohl meist verhalten. Wo es aber auf die Probe gestellt wird, in Szenen des Kampfes, ja des Kampfes mit den olympischen Göttern, da bricht es mit überwältigendem Pathos hervor.

Schon die Alten selbst haben die Gunst des Klimas, alle die Vorzüge des hellen Himmels und des »göttlichen Meeres«, die dem griechischen Wesen die kristallene Durchsichtigkeit und die rastlose Regsamkeit mitgeteilt zu haben scheinen, die heitere Mannigfaltigkeit des reich gegliederten Landes gepriesen, ja selbst versucht, sich aus diesen natürlichen Bedingungen die Kraft und den Reichtum ihrer Anlagen zu erklären. Ein liebenswürdiger Zug leichtherziger Bescheidenheit, die aber dem eigenen Verdienst sicher nicht gerecht geworden ist. Der griechische Charakter war nicht das Produkt einer günstigen geographischen Situation, er entwickelte sich in strenger, Geist und Körper gleichmäßig anspannender Zucht aus der einzigartigen Anlage des Volkes, das freilich den gegebenen Naturbedingungen abzugewinnen gewußt hat, was ihnen abzugewinnen war.

Nie hat die künstlerische und sittliche Intelligenz der Griechen Freiheit mit Ungebundenheit im Ernst verwechseln können. Die Freiheit, die ihnen Lebensbedürfnis war, hat die edelste Form: Unabhängigkeit von fremdem Zwang, um dem eigenen Gesetz gehorsam sein zu können, mit dem Bewußtsein, »daß die Zufälle über den Menschen gebieten und nicht der Mensch über die Zufälle«. Dieses Bewußtsein gibt der griechischen Heiterkeit den Gehalt schwermutvollen Ernstes, ohne den jede Heiterkeit wertlos und unerträglich bleibt.

Was Herodot den Griechen Demaratos zu Xerxes sagen läßt, ist sicher allgemein griechische Überzeugung gewesen: Obwohl die Griechen frei sind, sind sie doch nicht in allem frei; sie haben über sich das Gesetz, das sie weit mehr fürchten als deine Leute dich, und was das Gesetz ihnen gebietet, das tun sie.

Aber auch diese freiwillige Unterordnung unter die Zucht des Staatsgesetzes, die wir als so eigentümlich griechisch empfinden, war noch nicht die letzte Idee der griechischen Ethik. Hinter dem allgemein verbindlichen Staatsgesetz stehen unverbrüchlich die

»ungeschriebenen Gesetze", die Norm, nach der jeder einzelne für sich sein Leben zu führen hat, um die selbstbewußte Freiheit seiner Persönlichkeit zu bewähren.

In dieser willkürlichen Selbstbeschränkung haben die Griechen ihre Meisterschaft bewiesen. Vielleicht nicht immer im Leben, wo die politische Leidenschaft oft das ethische Bewußtsein überschäumte, wohl aber im Denken und in der Kunst, in der die Griechen ihr eigenes Ideal gebildet haben. Wie sie sich hier darstellen, so wünschten sie zu sein, nicht nur zu scheinen.

Kapitel 2.

Der ethische Grundzug des griechischen Charakters, die Forderung freier Selbstbestimmung ist das Neue, was die Griechen gebracht haben. Wir vergessen das leicht; weil diese Forderung uns nun seit langem selbstverständliches und unveräußerliches Gut geworden ist.

Der ganze antike Orient hat sich nie über die rohe Auffassung zu erheben vermocht, die in dem despotischen Herrscher den Gipfel der Weltentwicklung sieht. Damit fiel auch der Kunst des Orients die Verherrlichung einer Übermacht des Menschen über den Menschen als höchste Aufgabe zu, die noch dazu ganz wesentlich als physische Übergewalt gefaßt und dargestellt wurde. In Griechenland dagegen steht von Anfang an der Mensch nach seiner einfachen, natürlichen Erscheinung, nur um seines menschlichen Wesens willen frei neben seinesgleichen, in der leichten Ruhe ungeschminkter Natürlichkeit. In seiner Darstellung verbindet sich die anmutigste Bescheidenheit mit dem deutlichen Stolz selbstbewußter menschlicher Existenz.

Es ist ja die große Tugend der Griechen, »keiner Sache weder zu viel noch zu wenig zu tun«. Sie scheuen sich nicht, das Selbstverständliche auszusprechen, aber weil sie ihm dabei ganz den Charakter des Selbstverständlichen lassen, erscheint alles, was sie zu sagen für wert halten, so überwältigend neu und bedeutend. Keine Kunst, die sich durch ihre ganze Entwicklung von jedem Schein unedler Prätention so völlig frei erhalten hätte, die so durchgehend positiv, allem Überschwung des Empfindungsausdrucks ferngeblieben wäre.

Kapitel 3.

Die Darstellung des Menschen in dem ganzen Umfange seiner körperlichen und ethischen Erscheinung ist der Inhalt der griechischen Kunst. Wir kennen außer der griechisch-europäischen keine Kunst, die ähnlich gerichtet wäre. Überall freilich, wo nicht religiöse Befangenheit dazwischentrat, ist auch sonst der Mensch Gegenstand künstlerischer Darstellung gewesen, aber gleichmäßig herrscht überall sonst die Tendenz, die menschliche Gestalt ihrer Unvergleichlichkeit, den Menschen seiner Individualität zu entkleiden und die menschliche Gestalt zu einer bloßen Schmuckform, einem Ornament zu entwürdigen, und wäre es auch in so monumentaler Pracht wie in dem mit farbigen Glasuren kostbar überschmolzenen Fliesenfries der Bogenschützen am Palast des Perserkönigs in Susa.

Das Bewußtsein dieses unüberbrückbaren Gegensatzes zwischen Asien und Europa, der die ganze Geschichte der Menschheit erfüllt, ist übrigens so alt wie das Selbstbewußtsein griechischer Gesittung überhaupt. Das Geschichtswerk des Herodot hebt mit dieser Erkenntnis an – es ist vom ersten zum letzten Wort um dieses Gegensatzes willen geschrieben –, und wenn der naive herodotische Bericht den Zwiespalt bis in mythische Zeiten hinaufführt, so gibt die ganze Folge von Jahrhunderten uns ein Recht, dem alten Mythus symbolische Bedeutung beizumessen.

Kapitel 4.

Es ist eine richtige Beobachtung, die für die ganze Kunstentwicklung Geltung hat, daß die Tracht, die Mode der Kleidung, die Auffassung des nackten Körpers mit bestimmt. Nicht nur weil das Kleid die organischen Formen des Körpers wirklich verändert, mehr noch darum, weil jeder Künstler den nackten Körper unbewußt nach der Haupterscheinung der jeweils gültigen Mode umgestaltet.

Den Griechen wird man eine Ausnahmestellung einräumen müssen. Bei ihnen trat der nackte Körper schon in ganz früher Zeit in den Vordergrund des allgemeinen Interesses, er wurde, wie es überall natürlich wäre, wirklich als das Erstgegebene betrachtet und hat umgekehrt Art und Schnitt des Gewandes bestimmt.

Nur die Griechen haben die Tracht so entwickelt, daß der Körper sich in ihr als ein gegliederter Organismus ausspricht. Bei ihnen ist er wirklich aktiv, Träger des in freiem Wurf umgelegten Gewandes, während in Babylon und Assyrien und dem ganzen von dort her bestimmten Kulturkreis der Alten Welt der Leib unter der schweren faltenlosen Teppichhülle verschwindet, und in Ägypten gerade an der entscheidenden Stelle durch das um die Hüften gelegte ornamentale Faltengefüge des Schurzes zerrissen wird, das bei aller Feinheit der Einzelbildung einen starken Zusatz hieratischer Konvention nie überwunden hat.

Die Griechen bekleiden den Körper im Großen und einheitlich, während alle Neueren die Glieder einzeln in zugeschnittene Hüllen stecken, die den Zusammenhang der Glieder in den Gelenken für das Auge, ja auch für die eigene Körperempfindung aufheben. Auch die griechische Tracht freilich hat sich nur schrittweise zu der Freiheit des V. und IV. Jahrhunderts v. Chr. entwickelt. Immer aber haben die griechischen Künstler mit großem Geschick alle Vorteile auszunutzen verstanden, die ihnen die Tracht bot. Die Künstler der frühlinghaften Frühzeit, die immer zu Zierlichkeiten geneigt ist, haben ihren Stolz in die Wiedergabe des dünnen Geriesels der Fältchen gesetzt, mit denen der feine Linnenchiton die Formen des

Körpers überfließt[1] , die spätere ernsthaftere Zeit der Reife gliedert
das Gewand in breitere Flächen und größere Faltenzüge, unter denen die organische Struktur des Leibes hervortritt, Päonios von
Mende wagt den weit ausgespannten Bausch der herabschweben-
den Nike aus dem vollen Stein zu hauen[2] , prachtvoll endlich ist
das Gewand um den stolzen Leib der samothrakischen Nike ge-

---

[1] Als die Perser im Jahre 480 v. Chr. die von den Athenern verlassene Stadt
besetzten und verbrannten, ging eine große Zahl von Bildwerken, die auf der
Burg aufgestellt waren, zugrunde. Die letzten Jahrzehnte haben manches davon
aus dem »Perserschutt" durch Ausgrabungen wieder zutage gefördert. Zu diesen
Funden gehört auch eine weibliche Figur, ein Weihegeschenk, wie die Inschrift
der gleichfalls erhaltenen Basis lehrt. - Mit der linken Hand raffte das Mädchen
den dünnen Linnenchiton auf, wie das feine geschwungene Rockgefältel
beweist, in der Hand des ehemals besonders angesetzten rechten Armes mag sie
eine Blume gehalten haben. - Die mit reichen Farbenresten aufgefundene Figur
ist ein schönes Beispiel für die hohe Entwicklungsstufe, die die Marmorkunst
schon vor den Perserkriegen in Athen erreicht hatte. Beherrschend tritt das in
breiten Flächen modellierte Gesicht mit dem sanften Wiederschein von
Freundlichkeit aus der Umrahmung des sorgfältig gewellten und gelockten
Haares hervor, dessen lange Strähnen über das fein gefältelte Gewand
niederfallen. Und das frische lebendige Gesicht wieder beherrscht der weiche
Mund, der zu jedem kräftigen, edlen Genuß fähig und geschaffen scheint.

[2] Die Nike (Siegesgöttin) des Paionios aus Mende. Die Statue wurde im
Dezember 1875 ganz zu Anfang der von dem Deutschen Reiche in Olympia
unternommenen Ausgrabungen gefunden. Nach der Inschrift an der etwa 9 m
hohen schlanken dreiseitigen Basis (und nach einer Notiz bei Pausanias) war die
Statue ein Weihgeschenk, welches die Messenier und Naupaktier aus dem
Zehnten der Kriegsbeute vor dem Zeustempel errichteten. Dabei kann nur an
Ereignisse der ersten Zeit des peloponnesischen Krieges gedacht werden, und
das Werk muß daher um das Jahr 420 entstanden sein. - Die Nike des Paionios
ist das einzige Werk des V. Jahrhunderts, das mit inschriftlicher Bezeichnung
eines namhaften Künstlers erhalten ist. Die Göttin ist dargestellt, wie sie sich aus
der Höhe in schnellem Flug mit ausgebreiteten Flügeln und weitausgebreitetem
Gewand herabläßt. Ihre Bahn kreuzt unter ihren Füßen ein Adler, nach links
fliegend. Der vorgebeugt schwebenden Gestalt hält ein schwerer Gewandbausch
im Rücken das Gleichgewicht. Es lag nicht im Sinne des griechischen Künstlers,
eine leicht schwebende gleichsam von menschlicher Schwere befreite Göttin zu
bilden. Er hält sich ganz an die kräftige gesunde, freilich nur dichterische
Wirklichkeit und läßt den prachtvollen jugendlichen Leib klar in dem
faltenreichen, an beiden Seiten offenen, nur durch den Gürtel und eine
Schulterspange gehaltenen Gewand sich abzeichnen, das sich von der Gewalt
des Luftzuges wie durchsichtig den Körperformen anschmiegt, während es die
linke Brust und das vorgehobene linke Bein ganz unverhüllt läßt.

schlagen, die vom Seewind angeweht im Bug des siegenden Schiffes steht[3] . So wird die griechische Tracht in der Blütezeit der Kunst zu einem Mittel, den Bewegungsausdruck des Leibes in machtvoller Vergrößerung zu versinnlichen, und zu einem neuen Zeugnis für das (körperliche und geistige) Selbstbewußtsein der griechischen Menschheit.

[3] Nike von Samothrake. Im Jahre 306 v. Chr. erfocht Demetrios Poliorketes, der Sohn des Antigonos, eines Feldherrn Alexanders, einen entscheidenden Seesieg über die ägyptische Flotte bei Kypros in dem Kriege der Nachfolger des großen Königs um die Provinzen des Reiches. Die Nike von Samothrake ist das Denkmal des großen Seesieges: sie stimmt mit dem Nikebilde auf dem Revers von Münzen des Demetrios überein (auch Reste der großen Basis in Form eines Schiffsvorderteils sind aufgefunden worden) und ist nach diesen Münzbildern zu ergänzen. – Die Statue wurde im Jahre 1863 in zertrümmertem Zustande aufgefunden.

Kapitel 5.

Die Entwicklung der griechischen Plastik ruht aber auf der Darstellung des unbekleideten Körpers. Angesichts dieser ganz unbefangen vorwaltenden Nacktheit wenigstens der Jünglingsgestalt muß darauf hingewiesen werden, daß die Nacktheit hier keine künstliche Abstraktion, sondern in der Tat in weitem Umfange Abbild wirklichen Lebens ist.

In das hohe Altertum des VIII. Jahrhunderts v. Chr. führt die Sitte der Nacktheit bei den olympischen Wettspielen hinauf; nicht als primitive Unvollkommenheit aus roherer Zeit bewahrt, sondern als Produkt selbstbewußter Kultur eingeführt und als Fortschritt der nationalen Gesittung empfunden. Zuerst beim Wettlauf, dann beim Ringkampf üblich, verbreitet sie sich bald über das ganze Machtgebiet der griechischen Kultur, untrennbar verknüpft mit jeder Art von Leibesübung, die von der Nacktheit selbst den Namen erhielt. Ja in Sparta kämpften selbst Jungfrauen miteinander nackt oder ganz leicht mit dem geschlitzten und nur auf der Schulter gespangten Chiton bekleidet, und mit welcher natürlichen Züchtigkeit das geschehen konnte, zeigt die glücklich erhaltene Marmorkopie der Bronzestatue einer Wettläuferin aus dem VI. Jahrhundert, deren »sittliche Grazie« überhaupt nur auf dem Boden einer ganz freien, weitherzigen und hohen Lebensauffassung denkbar ist[4]

Erst durch die Gewohnheit vollkommener Nacktheit konnte der Leib in dem Maße, wie es bei den Griechen der Fall war, zum Träger gleichmäßig verteilter Empfindungen werden. Von selbst ward das Auge angeleitet, in dem ganzen Körper das Leben der Seele zu erkennen. Wie sehr aber diese den ganzen menschlichen Leib umfassende Beobachtung von vornherein der griechischen Natur gemäß war, zeigen bereits die Homerischen Gedichte, in denen auch

---

[4] Der griechische Schriftsteller Pausanias berichtet von dem Festkampf, der von fünf zu fünf Jahren der Hera zu Ehren in Olympia gefeiert wurde: »Dieser Festkampf besteht in einem Wettlauf der Jungfrauen ... Sie laufen mit herabhängenden Haaren in einem Unterkleide, das wenig über die Knie herabgeht und die rechte Schulter bis zur Brust frei läßt ... Die Siegerinnen erhalten einen Olivenkranz und ein Stück von der Kuh, die der Hera geopfert wird, und dürfen ihr gemaltes Bildnis der Hera darbringen.«

die leichten Knöchel der Mädchenfüße mit einem zierlichen Schmuckwort bedacht sind.

Hier tritt vielleicht am deutlichsten zutage, um wieviel näher die Griechen in ihrer guten Zeit der Natur standen, als es uns vergönnt ist, denn für uns, die vom Menschen sogar an uns selbst nichts als Gesicht und Hände unverhüllt zu sehen gewohnt sind, vereinigt sich mit Notwendigkeit das ganze Empfinden des Leibes und der ganze Ausdruck der Seele hier, und leicht wird diese Gewohnheit falschen Sehens dem neueren Künstler verhängnisvoll, wenn er sich an die Darstellung der Nacktheit wagt. Selbst in Michelangelos David bleibt ein Unbehagen zu verwinden, das sich aus dem verhältnislosen Vorwalten des Hauptes und der Hände herschreibt.

Früh fand neben der Gymnastik und mit ihr verbunden, die kunstmäßige Form des Tanzes Ausbildung und Pflege. Nackt tanzte Sophokles fünfzehnjährig den Siegespäan nach der Schlacht von Salamis.

Wenn sich in den Gymnasien der Leib in freier, nur durch den Zweck des Kampfspiels und der Übung bestimmter Bewegung darbot, so erschien er beim Tanz gebunden nach den Gesetzen musikalischer Rhythmik nun doppelt als Träger bestimmter seelischer Stimmungen.

Trotzdem aber hat nicht etwa die Gewohnheit der Palästra die Nacktheit in der Kunst ursprünglich bedingt; schon lange bevor Orsippos aus Megara den Lendenschurz beim Wettlauf im Olympischen Stadion abwarf, sind von griechischen Künstlern nackte Figuren gebildet worden. Der rein künstlerische Gesichtspunkt war hier entscheidend. Terrakotten und Steinskulpturen, bei denen das Gewand, das dem lebendigen Körper gegenüber zumal in der Zeit anfänglicher Befangenheit etwas Formloses behält, durch Farbe belebt, ja beinahe durch die Bemalung allein wiedergegeben werden konnte, werden daher noch bekleidet gebildet, als die Bronzefigur schon auf das Gewand verzichtet hatte, denn hier, wo keine Bemalung belebend eintreten konnte, waren die glatten ungebrochenen Flächen der primitiven Gewandung plastisch tot. Es war schon in diesen frühesten Zeiten griechischer Kunst das Streben nach künstlerischem Reichtum, ein absoluter künstlerischer Idealismus, der sich selbst auf Kosten unmittelbarer Lebenswirklichkeit durchgesetzt hat. Zum erstenmal tritt die stilbildende Kraft der Bronze hervor, von der die griechische Kunst auch weiterhin die stärksten Impulse erfahren hat.

Später wurde dann freilich die gymnische Nacktheit der Palästra die festeste Stütze dieser künstlerischen Gesinnung; aber auch dann haben die griechischen Künstler, deren Augen nun am lebenden Menschen die sinnliche Erfahrung des Formenreichtums und der Ausdruckskraft des nackten Körpers gewinnen konnten, sich nicht auf die gegebene Wirklichkeit des Lebens beschränkt. Schon in früher Zeit schritten sie dazu fort, dem Machtbereich der Nacktheit auch mythische und halbgeschichtliche Darstellungen und in großartiger Freiheit selbst weite Gebiete über die tägliche Erfahrung des Lebens hinaus zu unterwerfen.

Auch der weibliche Körper, dessen unverhüllter Bildung im Großen die Kunst lange Zeit auswich, ward nun, anfangs noch unter sorgsamer Motivierung der Nacktheit, Gegenstand plastischer Darstellung; und im Unterschied von der natürlichen Nacktheit des Jünglings, die ein Gewand nie gekannt zu haben scheint, wagt die Kunst mit der knidischen Aphrodite des Praxiteles nun auch den letzten noch möglichen Schritt in der Wiedergabe des entkleideten Körpers, ohne die feine Linie vollendeter Sittsamkeit zu verletzen.

Kapitel 6.

Es mußte für das Schicksal der griechischen Kunst von außerordentlicher Bedeutung werden, daß durch die Freiheit der Tracht und die Gewohnheit täglicher Leibesübung eine Menschheit erzogen wurde, die alle Bewegungsmöglichkeiten des Körpers aus eigener Erfahrung kannte und dadurch befähigt war, jedes plastische Motiv am eigenen Leibe mitzuempfinden. Der Grieche war sich seines Körpers bis in das letzte Gelenk bewußt und nahm den plastischen Inhalt des Marmor- oder Bronzewerkes mühelos in das eigene Körpergefühl auf. Hier wurde das Kunstwerk wirklich nach seinem künstlerischen Wert empfunden und an den Künstler keine Forderung gestellt, die nur mit Verletzung der künstlerischen Pflicht zu erreichen ist.

In der Tat arbeitet die Plastik nicht allein für das Auge, sondern ganz wesentlich »für den Sinn der mechanischen Bewegung des Körpers« – mehr noch als die Baukunst, der die goethischen Worte gelten –, und darum wird die Fähigkeit, ein plastisches Werk als Kunstwerk zu verstehen, immer auf der Fähigkeit beruhen, die Plastik des eigenen Körpers zu empfinden. Nur dann ist ein Organ vorhanden, das die plastischen Formen des Bildwerks lebendig mitzufühlen imstande ist.

Kapitel 7.

Sicher war es ein großes Glück, daß diesem im höchsten Maße plastisch begabten Volk in den verschiedenen Arten edeln Marmors, der überall auf dem festen Lande und auf den Inseln reichlich gebrochen wird, ein Stoff von außerordentlicher Bildsamkeit zu Gebote stand, kristallinisch, ohne vor dem Meißel zu zersplittern, zart, ohne einen Schein von Weichlichkeit, die Mitte haltend zwischen dem leichteren, porösen Kalkstein und dem harten massiven Urgestein des Granit, Porphyr und Basalt, die wie der unklare Alabaster wenigstens während der griechischen Zeit der antiken Kunst von der Verwendung zu Bildwerken ausgeschlossen waren.

Genau werden die verschiedenen Marmorarten auseinandergehalten und nach ihrer besonderen Güte bewertet: der parische von großem glänzendem Korn, blendend weiß, der elfenbeinfarbene von Lesbos, der pentelische bläulich gefleckt, aber von der meerfeuchten griechischen Luft unter dem Einfluß der Sonne an der Oberfläche leicht zu warmem Gelb zersetzt; der weniger edle endlich vom Hymettos.

Die Schönheit des griechischen Marmors zeigt jedes antike Bildwerk, und die Kostbarkeit des Materials kann zuweilen auch über eine Verletzung, einen Bruch trösten, die das glänzende Innere des Steines an den Tag bringen. Der griechische Marmor schon an sich ist schön, und es kann sogar eine körnige prachtvoll gesplitterte Bruchfläche die Weichheit der künstlich geglätteten Haut noch heben, ja den ästhetischen Eindruck des Bildwerks ins Gewaltige steigern.

Kapitel 8.

Die Möglichkeit der griechischen Kunst aber war bei alledem nicht an die Gunst und Schönheit dieses natürlichen Stoffes gebunden. Die Griechen selbst haben sogar während der ganzen klassischen Epoche dem edelsten Marmor die künstlich gemischte Bronze, Gold und Elfenbein vorgezogen.

Davon geben die Sammlungen antiker Bildwerke freilich kein Bild, denn der materielle Wert der Stoffe und die Möglichkeit, das Metall in neue Formen umzuschmelzen, haben zur Zerstörung der meisten alten Werke dieser Art geführt.

Trotz so großer Verluste ist uns von Bronzewerken des Altertums doch noch genug erhalten, um eine deutliche Vorstellung von der Bedeutung und dem Stil dieser Werke zu vermitteln, zumal seit Herkulaneum und Pompeji ihren alten Besitz zurückgegeben haben. Unwiederbringlich verloren aber bleiben die gepriesensten Werke der antiken Plastik, die Goldelfenbeinfiguren, von denen die Athena Parthenos und der Olympische Zeus des Phidias nur die berühmtesten aus einer großen Reihe gleichartiger Werke waren.

Hier erscheint der primitive Brauch, der das holzgeschnitzte Idol mit wirklichen Kleidern schmückte, ins Monumentale gesteigert und zu wirklich künstlerischem Stil erhoben, indem ein massives Goldgewand um das teilweise mit Elfenbein verkleidete Balkengerippe des Götterbildes gelegt wurde. Alle Mutmaßungen aber über die ursprüngliche Wirkung dieser Werke müssen gegenstandlos bleiben, solange nicht einmal das Geheimnis der Technik einwandfrei gelöst ist.

Trotzdem muß immer wieder an diese, wenigstens nach den Abmessungen gewaltigen Werke erinnert werden, um durch die Vorstellung ihres kostbaren Materials, des warmen, farbig getönten Elfenbeins und des weichen puren Goldes dem Eindruck der Kälte entgegenzuwirken, den eine Sammlung antiker Bildwerke in ihrer heutigen Gestalt unfehlbar hervorruft.

In der Tat ist ja das Bild, das die Museen uns bieten, gefälscht. Wir wissen, daß die Griechen auch ihre Marmorwerke wenigstens teilweise farbig getönt, daß sie große Sorgfalt auf die Färbung und

Patinierung der Bronzen verwandt haben, daß die Augen der erz-
gegossenen Gestalten aus farbigem Stein besonders eingesetzt und
ihre Lippen mit sanfter Silberfolie belegt waren.

Das alte lebensvolle Bild kann nie wiedergewonnen werden,
denn die wenigen verblaßten Farbreste, die in Tiefen und Rillen von
Gewandfalten und Gelock entdeckt sind, und die wenigen wohler-
haltenen Bronzen reichen nur gerade aus, uns die Größe des Verlus-
tes rechtfühlbar zu machen.

Kapitel 9.

Die griechische Kunst ist nur als *ein Ganzes* richtig zu verstehen, man muß alles zusammennehmen, was erhalten blieb, um über das einzelne Kunstwerk Licht zu bekommen, um die großen Verluste auszugleichen und den strengen kühlen Eindruck der Bildwerke mit der wunden ollen griechischen Sinnlichkeit zu beleben.

Am besten vermögen das die Reste der antiken Wandgemälde, die hier und dort, zumeist aus den verschütteten Städten Campaniens ans Licht gekommen sind. Da scheint das edle Blut noch durch die Adern zu strömen und leuchtet rötlich. Und daneben lassen die zahllosen Werke der Kleinkunst noch heute den echt griechischen Sinn für den festlichen stark zum Auge sprechenden Glanz und die Kostbarkeit edler Stoffe erkennen, der in den großen Bildwerken aus Elfenbein und Gold den machtvollsten Ausdruck fand. Die geschnittenen vielfarbigen Edelsteine, die aus dünnem Golddraht geflochtenen Halskettchen mit tropfendem, perlendem Behang, der mannigfaltige Ohrschmuck (wo etwa um eine Weintraube, deren gedrängte Beeren aus rötlichem Karneol geschnitten sind, sich gezackte Blätter und gerollte Reben aus weichem Gold legen). Endlich die Unzahl der griechischen Münzgepräge in Silber und Gold. Sie allein würden genügen, uns von der Lauterkeit, der Zartheit und der hellen, sicheren Intelligenz des griechischen Kunstgeistes den höchsten Begriff zu geben. Diesem unbegrenzt reich empfindenden Volk war auch das Kleinste, ein paar Weizenkörner, eine Muschel, ein Taschenkrebs, eine Gerstenähre wertvoll genug, um die ganze künstlerische Kraft an ihre feine und treue Nachbildung zu setzen.

Wie ein reiner Himmel mag sich zuletzt die durchsichtige Klarheit des griechischen Denkens über dieser Kunstwelt wölben, und die jeder Empfindung und jedem Zustand gerechten Rhythmen der griechischen Dichtung müssen hereinklingen.

Kapitel 10.

Unter den nach Tausenden zählenden antiken Bildwerken unserer Museen verschwinden die originalen Arbeiten griechischer Künstler. Das meiste von dem, was erhalten blieb, ist handwerklich schlechte Kopistenarbeit, die das Leben der Oberfläche getötet hat und, wo es sich um Kopien von Bronzewerken in Marmor handelt, auch die ursprüngliche Gesamterscheinung fälscht. Diese Nachbildungen stammen aus einer Zeit, in der das Empfinden für die stilistischen Bedingungen der Marmor- und der Bronzearbeit bereits geschwächt oder ganz geschwunden war.

Jede künstlerische Arbeit rechnet mit dem Stoff, in dem sie ausgeführt werden soll, und darum kann man Marmor und Bronze nicht einfach vertauschen, ohne den ursprünglichen Charakter des Werkes zu beeinträchtigen; um so weniger, je vorzüglicher das ursprüngliche Werk war, das heißt, je mehr es von vornherein in dem Geist eines bestimmten Materials erfunden war.

Die dunkelfarbige Bronze setzt sich scharf von der Luft ab, in sich ganz gleichartig zeigt sie eine gleichmäßig glatte, scharf bestimmte Oberfläche, die das Licht nirgendwo aufsaugt oder in breiter Verteilung annimmt, sondern es entweder blank abfließen oder in scharf begrenzten Glanzlichtern herausspringen läßt. Die Bronze fordert daher einen knappen deutlichen Umriß, klar gegliederte und konzentrierte Modellierung, die dem Schatten und dem Licht von vornherein bestimmt umgrenzte Bezirke anweist.

Den körnigen hellen Marmor dagegen umfaßt die Luft sanfter, das Licht haftet an seiner weicheren Oberfläche, es scheint in die Poren des Steines einzudringen und spielt in leichter Verstreuung mit sanfteren Übergängen vom Licht zum Schatten hinüber, und diese schwebenden Nuancen zwischen Licht und Schatten werden zu um so größerer Wirkung kommen, je feiner die Beugungen und Wendungen aller Flächen ineinanderfließen.

Ein Marmorwerk in Bronze übertragen wird daher unruhig, flimmernd und willkürlich umrissen erscheinen, weil der weiche Zusammenhang der Innenzeichnung durch zu dunkle Schatten und zu helle Lichter zerrissen wird. Ein Bronzewerk in Marmor umgesetzt muß die ursprüngliche Präzision seiner Modellierung verlieren, weil die Formen nun ineinanderfließen und sich überall in die ursprüngliche Disposition Mitteltöne einschleichen; es wird schwächlich im Umriß erscheinen, weil das Spiel von Licht und Schatten die gerade so gewollte Schärfe des originalen Konturs abrundet.

Ganz verschlossen bleibt endlich dem Ziseleur die weiche Behandlung der Oberfläche, dem Bildhauer die scharfe Eleganz der Ziselierarbeit, die dem Bronzewerk erst die letzte metallmäßige Vollendung gibt.

Der Bronzegießer bossiert sein Modell in Ton oder Wachs, aber er denkt schon an das starre Metall, wenn er die weiche Masse mit spitzigen oder breiten Werkzeugen modelliert. Es ist ein abstrakteres, überlegenderes, zugleich ein kühleres Arbeiten. Fehler lassen sich noch beseitigen, Versehen leicht ausgleichen, es fehlt der erhitzende Anreiz, den das echte Material immer auf den Künstler ausübt.

Anders beim Marmor. Hier tut jeder Hieb endgültige Wirkung, jede Furche, die der laufende Bohrer gräbt, muß bleiben, wie sie einmal gerillt ist, und der kristallische Stein zeigt alle seine Tugenden und Tücken unter der arbeitenden Hand.

Die Vortrefflichkeit eines Bronzewerkes beruht offenbar mehr auf dem feinen künstlerischen Verstände, die Vollkommenheit der Marmorarbeit weit unmittelbarer auf der Sicherheit augenblicklicher Inspiration, auf der Fehllosigkeit des technischen Genies.

Die Bronze ist der herbere mehr männliche und verschlossene, der Marmor der zartere, mehr weibliche und offene Stoff. Überall in Griechenland wurde meist von den gleichen Künstlern in Marmor und in Bronze gearbeitet, doch haben augenscheinlich von Anfang an die beweglichen Ionier den anmutigen Marmor, die bedächtigen Dorer die ernsthafte Bronze vorgezogen.

Von besonderer Bedeutung ist endlich noch ein Unterschied im Charakter von Marmor und Bronze in der Entwicklung des plastischen Stils geworden, der den Aufbau und die Erscheinung der Bildwerke im großen mitbestimmt.

Die hohlgegossene, daher verhältnismäßig leichte Bronze verträgt und fordert eine luftige ausgreifende Gliederung der Figur (denn es ist allgemein gültiges Stilgesetz, daß die Möglichkeiten jedes Materials bis aufs Äußerste ausgenutzt werden, weil erst dann sein eigentümlicher Charakter ganz zur Geltung kommt). Der massive lockere Marmor dagegen widersetzt sich allzu kühnen Durchbrechungen und Ausladungen.

Freilich haben auch die Griechen schon den Marmor gestückt, etwa einen ausgestreckten Arm dem Torso angefügt, das blieb aber Ausnahme. Regel ist, daß der Bildhauer sich sparsam innerhalb der Grenzen des Blockes hält, und aus diesem freiwillig übernommenen Zwang folgt »das großartige Zusammensein, die Ruhe der plastischen Formen«, die den griechischen Bildwerken den selbstgenügsamen Zug gibt. Das Auge ist überall imstande, den ganzen plastischen Gehalt mit einem Blick zu umfassen.

Fast überall, wo ein Bronzewerk in Marmor kopiert wurde, mußte der Kopist sich entschließen, den Eindruck störende, ja vernichtende Stützen anzubringen, oder Verbindungsstücke stehen zu lassen, die den Stand beengen und die Glieder fesseln.

Naturgemäß haben sich die Besonderheiten des Bronze- und Marmorstiles erst im Laufe der Entwicklung so klar herausgebildet. Es geschah in dem Maße, wie die Künstler mit der Natur ihres Materials vertraut wurden. Eine Zeitlang floß beider Art ineinander, ja die freiere Haltung der Bronzewerke hat augenscheinlich mitgeholfen, die Marmorfigur aus ihrer anfänglichen Starrheit zu befreien: die offen gegliederten äginetischen Figuren weisen nach der ganzen Art der Formbehandlung darauf hin[5].

---

[5] Im Jahre 1811 entdeckten der Engländer Cockerell und der Deutsche Haller von Hallerstein, zwei junge Architekten, beim Studium und bei der Vermessung der Tempelruinen auf der Insel Ägina die kostbaren zum Teil ausgezeichnet erhaltenen Reste der Giebelfiguren vom Tempel der Aphaia. König Ludwig I. erwarb die Skulpturen von den beiden Entdeckern und ließ sie 1816/17 in Rom unter Thorwaldsens Leitung ergänzen. Erst zehn Jahre später, 1828, langten die Figuren in München an. Sie gehören zu den kostbarsten Resten der antiken Kunst und sind in ihrer Gesamtheit der wertvollste Besitz antiker Bildwerke in Deutschland. Ausgrabungen, die von der bayerischen Regierung im Jahre 1901 veranstaltet worden sind, haben weitere Überreste ans Licht gebracht und die Frage nach der Bedeutung und ursprünglichen Anordnung der Figuren geklärt.

Später trennten sich die Wege immer klarer. Der Diskuswerfer
Myrons[6] , der Speerträger Polyklets[7] der Apoxyomenos des Lysipp[8] – uns alle nur in Marmorkopien bekannt –, sind Werke im
reinen Bronzestil: bei aller Verschiedenheit des Einzelnen, die sich
aus den Unterschieden der Entstehungszeit und dem verschiedenen
Temperament der Künstler erklärt, ist ihnen die Knappheit der
Modellierung, die offene Haltung und die zeichnerische Klarheit
des Umrisses gemein. Ihnen stehen die Giebelfiguren des

In beiden Giebeln waren Kämpfe der Helden von Ägina gegen die Trojaner
dargestellt. Im Westgiebel der Kampf des Herakles und des Ägineten Telamon
gegen König Laomedon von Troja, im Ostgiebel der Kampf von Telamons Sohn
Aias, von Achilleus und Neoptolemos gegen König Priamos, also eine Szene aus
dem großen Trojanischen Kriege.

Entstanden sind die Skulpturen in der Zeit der Perserkriege, wahrscheinlich in
dem Jahrzehnt zwischen der Schlacht von Marathon (490) und der Schlacht von
Salamis (480), in der Zeit also, in der die griechische Freiheit gegen die
mächtigsten Gegner behauptet wurde. »Die beiden äginetischen Giebel sind nur
Glieder mitten aus einer fieberhaft rasch vorschreitenden Entwicklung.« Der
Künstler, der den Ostgiebel geschaffen hat, ist dem Meister des Westgiebels
überlegen, in der Durchbildung jeder Einzelheit und in der Freiheit und
Kühnheit, mit der er seine Figuren bewegt und selbst schwierige Probleme der
Körperhaltung und -drehung löst. (Vgl. Furtwängler, Die Ägineten.)

[6] Der Diskuswerfer des Myron ist in verschiedenen Marmorkopien erhalten. Im
letzten Winter wurde im Castello Porziano bei Ostia, einer Besitzung des Königs
von Italien, ein Torso ausgegraben, eine vorzügliche römische Kopie aus der Zeit
des Augustus. Dieser Torso, der selbst aus achtzehn Teilen zusammengesetzt ist,
liegt der Ergänzung zugrunde, die der Direktor des Nationalmuseums in Rom,
G. E. Rizzo, mit Hilfe der besten sonst erhaltenen Kopien ausgeführt hat. Der
dem Torso fehlende rechte Arm mit dem Diskus ist ein Abguß des Armes in der
Casa Buonaroti in Florenz. Der Kopf ein Abguß des Discobolo Lancelotti, für die
Füße wurden die antiken Teile der Replik des britischen Museums abgegossen,
nur die Finger der linken Hand sind frei ergänzt.

[7] Polyklets Doryphoros ist in einer großen Zahl von Wiederholungen erhalten,

[8] Die Statue ist 1849 in Rom in Trastevere gefunden, ergänzt sind nur die Finger
der rechten Hand fälschlich mit einem Würfel nach einer Notiz bei Plinius, die
irrtümlich auf diese Figur bezogen worden ist. Der Jüngling ist dargestellt, wie
er sich nach dem Ringkampf das Salböl mit der Strigilis, dem Schabeisen
abstreicht.

Parthenontempels als klassische Marmorarbeiten gegenüber[9] , mit ihrer zusammengehaltenen Fülle, mit der zarten Modellierung des Nackten und mit dem lebendigen Strömen der Gewandung, die sehr stark mit spielender Licht- und Schattenwirkung rechnet.

Daß bei Werken dieser klassischen Zeit Marmor- und Bronzewerke sich so streng innerhalb der Bedingungen des jeweiligen Materials gehalten haben, ist wieder durchaus in dem ethischen Charakter der Griechen begründet, wie denn überhaupt hier ethische und ästhetische Begriffe in der engsten Wechselbeziehung stehen. Der griechische Wille hat auch hier »das Ge setz der Notwendigkeit", das ihm in diesem Falle die Natur der Stoffe vorschrieb, frei befolgt.

Am Ende der Epoche, mit Praxiteles, der die Feinheit der Marmorarbeit aufs höchste gesteigert hat, beginnt die Feinheit des Stilge-

---

[9] Skulpturen vom Parthenontempel auf der Akropolis von Athen. Hier nur ein Wort von Goethe über den Kopf des Pferdes aus der rechten nördlichen Ecke des Ostgiebels, dem einzig erhaltenen aus dem Gespann der niedertauchenden Mondgöttin Selene. Bald nachdem die Skulpturen des Parthenontempels, durch Lord Elgin aus Athen nach dem Westen gebracht waren, verschaffte sich Goethe einen Gipsabguß dieses Kopfes aus Paris. Der gleichzeitig bestellte Gipsabguß des Kopfes von einem der spätantiken Bronzepferde, die jetzt auf der Vorhalle der Markuskirche in Venedig stehen, traf eher in Weimar ein, »und ließ uns«, heißt es in den Tag- und Jahresheften 1818, »seine Vorzüge empfinden, ehe uns der andere durch überschwängliche Großheit dafür unempfänglich gemacht hatte«. – Zwei Jahre später, im Jahre 1820, kommt Goethe in seiner Zeitschrift »Ober Kunst und Altertum« noch einmal ausführlich auf beide Werke zu sprechen: »Das Pferd aus Athen ist höher gedacht, gewaltiger, schnaubend, mit gerundeten vorliegenden Augen gespenstermäßig blickend. Die Ohren zurückgelegt, den Mund geöffnet, scheint es stürmisch vorwärts zu dringen, aber mit Macht angehalten zu werden. Sehen wir auf die Arbeit, so zeigt sich überall die alte Simplizität, ehrenwerter Fleiß und Treue, aber auch wohl noch einiges Steife. An der Mähne z. B. ist Strich neben Strich gelegt, keiner mehr oder weniger vertieft, ganz gleichlaufend, an der Biegung des Halses Falte der Haut neben Falte mit fast gar keiner Abwechslung. Die Ausführung überhaupt verdient großes Lob, Muskeln und Knochen hat der Meister genau, mit gründlicher Kenntnis, Ausdruck und Wahrheit dargestellt. Die Augen sind vortrefflich gestaltet und vollendet, die Stirne breit, flach, knöchern, die Nasenöffnungen weit gedehnt vom Strome des Atems, die Oberlippe wie belebt und in Bewegung. Ist gleich der Marmor an der Nase gegen die Stirne hinauf stark ausgewittert, so erkennt man doch noch die Spur ursprünglich angedeuteter Adern an dieser Stelle.«

fühls zu erlahmen. Jetzt erscheinen Stützen auch bei originalen Steinskulpturen. Freilich zunächst noch wohlmotiviert und in die figürliche Komposition als wesentliche Stücke einbezogen. Doch darf man fragen, ob damit nicht doch schon die dem Marmor eigentlich gesetzten Grenzen überschritten sind.

Kapitel 11.

Der großen Zahl aus dem Altertum erhaltener Bildwerke steht eine vergleichsweise kleine Zahl von Künstlernamen gegenüber, die mit bestimmten Werken in Verbindung gebracht werden können. Offenbar konnten die Griechen der guten Zeit zur Legitimation der Schönheit leichter auf die Beglaubigung durch eine Meisterbezeichnung verzichten, als es heute gewöhnlich ist. Sie sahen im Kunstwerk auf die Kunst, ohne nach dem Künstler viel zu fragen.

Diese von den griechischen Künstlern mit aller Selbstverständlichkeit geübte Zurückhaltung ist übrigens ein ganz allgemeiner Charakterzug der Antike. Auch Dichter und Historiker wollen nur die Sache. Aus dieser Sachlichkeit erklärt sich Thukydides' strenge Sparsamkeit in der Charakteristik selbst der bedeutendsten Männer. Uns freilich scheint es sonderbar, daß sogar in einem Memoirenwerk, wie es die Erzählung von dem Kriegszug der zehntausend Griechen ist, der Autor Xenophon sich nur in der dritten Person wie einen Fremden einführt. Es ist griechischer Stil der klassischen Zeit.

Aus dieser Zurückhaltung folgt, daß für uns wohl große Gruppen verwandter Bildwerke unterscheidbar zusammentreten, daß wir Schulzusammenhänge wahrnehmen, ohne überall einzelne Künstler namhaft machen zu können. In der Kunst ordnet der Einzelne sich dem allgemeinen Gesetz naturmäßiger Entwicklung unter. Die Geschichte der antiken Kunst wird darum immer wesentlich eine Darstellung künstlerischer Probleme bleiben müssen, wenn man will, bleiben können.

Lange Zeit haben sich auch die Griechen ohne eine große statuarische Kunst beholfen, wenigstens sind uns die frühesten künstlerischen Versuche nur in Tonfigürchen und kleinen Vollgußbronzen erhalten. Wir wissen nicht, wann und wie die ältesten Symbole, Steinhaufen, eckige Pfeiler, rohe Balken und Säulen, die in frühester Zeit Statuen der Götter vertreten mußten, zu organischer Gestalt umgebildet sind. Auch der sicher langwierige Prozeß der Veredelung der rohesten Bildungen, der Vermenschlichung des Gräßlichen und Grotesken liegt vor der Zeit, die durch Monumente bekannt ist. Nur aus der schriftlichen Überlieferung ist die versprengte Kunde von dem Holzbilde einer pferdeköpfigen Demeter von Phigalia zu

uns gekommen, das um die Wende des VI. Jahrhunderts v. Chr.
verbrannte und dann erst durch eine menschliche Bronzestatue
ersetzt wurde.

Wo die statuarische Kunst der Griechen für uns greifbar wird, hat
sie schon rein menschliche Gestalt und nationalen Charakter, nur in
Kentauern, Satyrn und ähnlichen niederen Dämonen lebt eine Erin-
nerung an die frühesten Erfindungen der erschreckten Phantasie
fort.

Kapitel 12.

Nicht das Streben nach einem absoluten Schönheitsideal, sondern die Folgerichtigkeit naturmäßiger Entwicklung ist der Grundzug der griechischen Kunst. Der griechische Künstler stand immer befriedigt an seinem Platz, kaum einer mag das Bedürfnis empfunden haben, etwas anderes zu leisten, als gerade seiner Kraft angemessen war. Darum fehlt der griechischen Kunst jedes sehnsüchtige oder gar sentimentale Element, das in der neueren Kunst oft so peinlich hervortritt. Die Entwicklung der griechischen Kunstprobleme hat den Charakter eines sich geräuschlos und eigentlich schmerzlos vollziehenden Naturvorganges.

Das Bedürfnis, auch in geistigen Dingen einen festen Anfang zu setzen, zugleich das deutliche Bewußtsein, daß immer im entscheidenden Moment die Fähigkeiten einer Epoche sich in dem Geiste eines überragenden Mannes zusammenzufinden pflegen, hat die Griechen dazu geführt, die ersten wirklich organisch durchgebildeten Statuen den Händen eines bestimmten Mannes zuzuschreiben. Mythisch oder halbmythisch hebt mit dem Namen des Dädalos die Überlieferung der griechischen Kunst an, wie die Kunde von der ältesten Poesie sich in den Mythus von Orpheus verliert.

Dädalos, heißt es, hat zuerst die Beine der Bildsäulen zur Schrittstellung geöffnet und ihnen die Arme vom Körper gelöst. Die Jünglingsstatue aus Tenea[10] mag diesen dädalischen Typus verkörpern. Das Grundschema ist das ägyptischer Bildwerke, der Geist, in dem die Figur geschaffen ist, ist in jeder Einzelheit griechisch.

Die schurzbekleideten ägyptischen Steinskulpturen sind durch einen Pfeilerblock tektonisch gebunden, leblos trotz der Wahrheit der Körpermodellierung, der stolz nackte griechische Jüngling steht aus eigener Kraft auf seinen Füßen, nicht festgewurzelt, sondern mit

---

[10] Jünglingsfigur aus Tenea. Die Statue wurde im Jahre 1846 in einem alten Gräberbezirk von Korinth, in der Nähe des korinthischen Dorfes Tenea gefunden. Die Statue lag über einem Grabe auf einer Platte, in die sie mit ihrer Plinthe eingelassen gewesen war. Es ist also nicht ein Götterbild, sondern die Statue eines Verstorbenen. Der Kopf war durch ein übergestülptes Tongefäß geschützt. Arme und Beine waren in mehrere Stücke gebrochen, nur der mittlere Teil des rechten Armes ist ergänzt.

leichten Sohlen auftretend: die Fersen sind frei gerundet mit der Leichtigkeit des griechischen Idealismus, der sich um einer höheren Bedeutung willen mit kleinen Zügen unbekümmert über die Wirklichkeit hinwegsetzt.

Bei den ägyptischen Figuren sind die Arme steif gestreckt, hier ist wenigstens der Versuch gemacht, sie in den Gelenken hängend zu bilden, dort sind die Augen mit schmaler Lidspalte nur halb geöffnet, hier dem »lieben Licht der Sonne« in weiter Rundung aufgetan. Wieder soll erst Dädalos die bis dahin geschlossenen Augen der Statuen offen gebildet haben. Das mag Mißverständnis oder Übertreibung sein, die Nachricht beweist, daß die Griechen der späteren Zeit den Beginn wirklicher Kunst von dem Augenblick ab rechneten, wo ihren Künstlern der Wert des Auges, des am meisten ästhetisch empfindenden Organs, ins Bewußtsein trat.

Bei so vielen Unterschieden bleibt doch eine wichtige Übereinstimmung zwischen der Jünglingsfigur aus Tenea und den ägyptischen Werken bestehen, die strenge Gebundenheit in die reine Frontstellung und damit die vollkommene Symmetrie der rechten und linken Körperhälfte.

Hier mußte die weitere Entwicklung einsetzen, die Haltung mußte gelöst, die strenge Entsprechung durch freies Gleichgewicht ersetzt werden, wenn überhaupt der Anschein wirklichen Lebens gewonnen werden sollte.

Diesen scheinbar so einfachen Schritt in die Freiheit haben nur die griechischen Künstler zu tun vermocht, weder im antiken Orient noch in Ägypten ist an das entscheidende Problem mit Entschiedenheit gerührt worden.

Kapitel 13.

Die Belebung der Körperformen bei ruhigem Stand der Figur wird gewonnen, wenn der Künstler sich entschließt, die Körperlast ungleich auf beide Füße zu verteilen. Der Gegensatz von Stand- und Spielbein wirkt auf den ganzen Körper, die Glieder lösen sich, die Muskeln schieben sich auf der einen Seite vorquellend zusammen und straffen sich auf der andern Seite, die ganze Oberfläche des Leibes gerät in Bewegung, wie das lose und dichte Ringgefüge eines Kettenpanzers. Über ein Jahrhundert lang hat sich eine Folge von Künstlergenerationen an der Lösung dieser Aufgabe abgemüht, die alle andern Aufgaben der lebensgemäßen Darstellung des menschlichen Leibes in sich schließt. Denn eine wirkliche Lösung des Problems ist nur möglich, wenn der Künstler von der Architektur des Knochengerüstes, von den Funktionen der Muskeln und Sehnen und von dem Zusammenhang der einzelnen Glieder eine deutliche Vorstellung hat.

Leichter als das überaus verwickelte Formensystem des Körpers war der tektonische Fall der Gewandfalten aufzufassen und nachzubilden, und darum gelang auch die Darstellung gelösten Standes bei den bekleideten weiblichen Figuren früher als bei den nackten männlichen, in denen aber schließlich doch das Problem erst wirklich gelöst wird.

Die mannigfaltige und lebhafte Aktion der ägynetischen und olympischen Giebelgruppen, die energische Ausfallstellung der Tyrannenmörder[11] ([12] , die Fixierung des Augenblicks »wo eine

---

[11] Die Tyrannenmörder Harmodios und Aristogeiton. Marmorkopien von Bronzeoriginalen des Kritios und Nesiotes, unmittelbar nach dem Jahre 480. Ergänzt, aber nach Ausweis von Münzprägungen, die die Gruppe wiedergeben, annähernd richtig sind die Arme beider Figuren, bei der Figur mit erhobenem Arm außerdem das rechte Bein ganz, das linke von unterhalb des Knies an. Der Kopf der andern Figur ist antik, aber nicht zugehörig und von viel entwickelterem Stil als der ursprüngliche bärtige Kopf, den die Münzbilder zeigen.

[12] Die Baumstämme sind Zutaten des Kopisten.)

Gleich nach der Vertreibung der Pisistratiden i. J.510 errichteten die Athener den Mördern des Hipparchos als den Begründern der Freiheit Athens Ehrenstatuen

Bewegung schwunghaft in die andere übergehen soll« in dem Diskuswerfer Myrons sind Momente des Ringens um die künstlerische Bewältigung des menschlichen Leibes. Anfangs verstehen die Künstler nur Arme und Beine ihrer Figuren frei zu bewegen, allmählich lernen sie auch die Formen des Rumpfes beherrschen, bis endlich in dem Doryphoros Polyklets die vollkommene Form gefunden ist.

Hier ruht die Last des Körpers entschieden auf dem Standbein, der entlastete Fuß ist leicht zurückgestellt; nun schiebt sich die rechte Hüfte kräftig gegen die linke hoch, die rechte Schulter aber liegt tiefer als die linke, an die Stelle gleichmäßiger Anspannung und Zeichnung ist das freie rhythmisch bewegte Muskelspiel, ein fließender Umriß getreten.

Der Doryphoros Polyklets hält im Schreiten inne, er steht. Der Apoxyomenos Lysipps aber hat wirklich den Anschein momentaner Bewegtheit, eben ist er, scheint es, im Begriff, die Last des Körpers von dem linken auf den rechten Fuß zu übertragen.

Das ist das Neue. Auch der Myronische Diskuswerfer ist nicht in dem Sinne bewegt wie diese Figur. Dort ist immer noch ein Augenblick der Ruhe festgehalten, freilich ein Augenblick, eingeschlossen zwischen zwei mächtige Bewegungswellen, aber eben doch ein Augenblick der Ruhe, wie der ausschlaggebende Pendel eine Sekunde lang stille steht, ehe er zurückschwingt.

---

aus Erz. Diese erste Gruppe, ein Werk des Antenor, führte Xerxes, als er die von den Athenern verlassene Stadt Athen eingenommen hatte, als Beute fort. Sie wurde gleich nach der Schlacht von Salamis durch eine neue Gruppe ersetzt, die uns in der vorstehenden Marmorkopie erhalten ist. Als später Antiochus auch die ältere Gruppe den Athenern zurücksandte, wurde sie neben der jüngeren aufgestellt. Der quer über die Brust des Hermodios laufende helle Streifen rührt von dem ursprünglich in Bronze aufgelegten Wehrgehänge her.

Ein alter griechischer Trinkspruch rühmt die Befreiungstat der beiden Jünglinge: »Mit Myrten bekränzt will ich mein Schwert tragen Wie Harmodios und Aristogeiton, Als sie den Tyrannen erschlugen Und Athen gleiches Recht brachten. Liebster Harmodios, du bist nicht gestorben. Auf den Inseln der Seligen, heißt es, lebst du. Wo der schnellfüßige Achilleus Und der edle Sohn der Tydeus, Diomedes lebt. Mit Myrten bekränzt will ich mein Schwert tragen Wie Harmodios und Aristogeiton, Als sie beim Opferfest der Athener Den Tyrannen Hipparch erschlugen.«

Es ist eine ganz andere Art innerer Bewegtheit, die Lysipp wiederzugeben vermocht hat, indem er seinen Jüngling eine leichte Rechtsdrehung des Oberkörpers ausführen läßt.

Die Möglichkeiten der Eigenbewegung der freistehenden menschlichen Figur sind damit im Prinzip erschöpft.

Lysippos ist der Zeitgenosse Alexanders des Großen, dem er auch persönlich nahestand; er allein durfte das Porträt des Königs bilden.

Neben der energischen Frische seines Apoxyomenos steht die verträumte Sanftheit der praxitelischen Gestalten, die letzte zarteste Blüte der attischen Marmorkunst.

Mit deutlicher Vorliebe läßt Praxiteles seine Figuren sich an eine feste Stütze lehnen, so daß man ihm am liebsten die Erfindung dieses neuen statischen Motivs zuweisen möchte. Bei dem Hermes aus Olympia[13] , bei dem eidechsentötenden Apolloknaben[14] , bei dem Satyrburschen[15] ist der Baumstamm nicht nachträgliche Kopisten-

---

[13] Hermes mit dem Dionysosknaben von Praxiteles.

Am 8. Mai 1877 im Heratempel zu Olympia vor den Resten der Basis, auf welcher die Statue einst stand, liegend gefunden. Ergänzt die Unterschenkel und der linke Fuß des Hermes, der linke Arm des Knaben. Die linke Hand des Hermes hielt den Schlangenstab, das Kerykeion, die rechte eine Traube, nach der der junge Weingott hinauflangt. Die Statue ist ein sicheres Originalwerk von der Hand des Praxiteles.

[14] Der Eidechsentöter Apollo nach Praxiteles. Daß Praxiteles einen jugendlichen Apollo geschaffen hat, der einer herankriechenden Eidechse mit gezücktem Pfeil auflauert, ist literarisch bezeugt. Die Zeit des Praxiteles neigt überall dazu, die überlieferten Göttertypen zu verjüngen, wo es sich irgend mit dem Charakter der Gottheit vertrug. So ist diese Darstellung des dem Knabenalter kaum entwachsenen Apollo charakteristisch für die späte Epoche der griechischen Kunst, die nicht nur künstlerisch, sondern auch inhaltlich sich beständig fortentwickelte.

[15] Satyr nach Praxiteles. Die Statue ist in außerordentlich zahlreichen Kopien erhalten. Für das Original ist eine Arbeit des Praxiteles vorauszusetzen. An die halbtierischen Satyrdarstellungen früherer Zeit erinnern nur noch die gespitzten Ohren.

Die Arbeit des Pariser Torsos, der bei den von Napoleon III. auf dem Palatin in Rom unternommenen Ausgrabungen in einem achteckigen Durchgangsraum

zutat, er gehört als wesentliches Stück der ursprünglichen Konzeption.

Dadurch, daß ein Teil der Last auf die feste Stütze übertragen ist, wird dem Körper selbst ein Teil seiner Schwere abgenommen, die Muskeln sind physischer Kraftanspannung überhoben und werden dafür in einem Maße beseelt, wie es die frühere Kunst nicht gekannt hat. Wie spielt das feinste geistige Leben auch nur auf dem Rücken und in der zarten Gliederung der linken Hand der olympischen Figur, von dem Leibe und dem glänzenden Haupt zu schweigen.

Es ist der höchste Triumph der griechischen Kunst und ein Zeugnis bis ans Ende reinerhaltener Gesundheit, daß sie noch im Augenblick, wo Griechenlands politische Rolle ausgespielt war, so adelige, ohne einen Geschmack der Süßigkeit sanfte und zarte Bildungen, so scheue und kecke Jugend, so unantastbare Frauenschönheit hervorbringen konnte.

Was nach Praxiteles kam, ist nicht mehr ungemischt griechische Kunst. Mit der Epoche Alexanders begannen die Länder um das östliche Mittelmeerbecken, lange schon von griechischer Kultur angerührt, sich zu einem neuen Kulturkreis zusammenzuschließen. Den pathetisch vordringenden Geist dieser kriegerfüllten Zeit empfinden wir am deutlichsten an Werken wie der Nike von Samothrake und dem Fries des Götter- und Gigantenkampfes vom Altar des Zeus in Pergamon[16] , dem letzten Denkmal eines machtvollen künstlerischen und ethischen Enthusiasmus.

---

mit vier Türen und vier Nischen gefunden wurde, ist vortrefflich, doch nicht so fein, daß das Bruchstück für eine Originalarbeit gelten dürfte.

[16] Reliefs vom großen Zensaltar in Pergamon. Wahrscheinlich von Eumenes II. (197 bis 159 v. Chr.) wurde der große Zeusaltar auf der Burg von Pergamon erbaut, dessen Aufdeckung deutschen Gelehrten verdankt wird. Den Unterbau von etwa 30m im Geviert, an dessen Westseite eine breite Freitreppe einschneidend emporführte, umzog der große Fries mit dem Kampf von Göttern und Giganten, dessen prachtvolle Bruchstücke das Pergamonmuseum in Berlin bewahrt.

Kapitel 14.

Jede einzelne Epoche der griechischen Kunst hat ihren unersetzlichen Wert. Die Formbestimmtheit der nackten Helden aus den äginetischen Giebelfeldern ist so einzig wie die lächelnde Grazie der gleichzeitigen ionisch-attischen Frauenbilder, so einzig wie die arkadische Anmut der praxitelischen Gestalten. Und doch mag alles das zugrunde gehen, wenn nur die Skulpturen des Parthenon erhalten bleiben. Zerbrochen, trümmerhaft, bleiben sie das Größte, was die Kunst des Altertums hervorgebracht hat.

Davon kann kein Bild und kein Abguß eine Vorstellung geben. Der Gips zerstört den Zauber der Marmorarbeit, er entgeistigt die Figuren, indem er den Eindruck der Masse vergrößert.

Der Parthenontempel auf der Burg von Athen ist mit seinem gesamten Skulpturenschmuck das Werk der Epoche des Phidias und des Perikles. Um die Mitte des V. Jahrhunderts v. Chr. begann der Bau, im Jahre 438 wurde das Athenabild aus Gold und Elfenbein dem Kultus übergeben, als der peloponnesische Krieg begann, waren auch die Skulpturen vollendet.

An diesen Arbeiten hat die attische Marmorkunst sich zur Reife entwickelt. Man spürt das Wachsen des künstlerischen Vermögens in der Reihe der Metopen, von denen einige neben der gleichmäßigen Freiheit des Frieses noch streng und gebunden erscheinen.

Die annähernd quadratischen Relieftafeln stellen in Einzelgruppen aufgelöste Kämpfe dar, der Götter mit den Giganten, der Athener mit asiatisch gekleideten Feinden, vielleicht den Amazonen, der Lapithen mit den mädchenräuberischen Kentauern. Diese letzten sind die vollständigst und best erhaltenen. Der Sieg gehört bald den Griechen, bald den Kentauren. Welche Freiheit des Geistes und welche Gewißheit innerer Überlegenheit beweist dies Volk, indem es sich mit gleicher Unbefangenheit bald siegend, bald besiegt darstellt. Und welche Wahrhaftigkeit in dieser Kunst.

Auch der Festzug, der als Fries das Tempelhaus innerhalb der Säulenhalle oben umläuft, ist keine Selbstverherrlichung, nichts weniger als ein Siegeszug; es ist eine schlichte Selbstdarstellung ohne einen Gedanken von Selbstgefälligkeit. Das Volk von Athen, das sich selbst gleichsam den Göttern darbringt. Denn die Götter, einfache Ebenbilder der Menschen, sind auf schlichten Sesseln sitzend, an der Sonnenaufgangsseite des Tempels gegenwärtig dargestellt, nicht mächtiger gebildet, als daß die stehenden Menschen die Größe der sitzenden Götter erreichen, und vor ihnen endet der lange Zug von Jungfrauen mit Opfergerät, von Männern und Jünglingen. Einige leiten die willigen oder widerspenstigen (aber nicht störrischen) Opfertiere, andere gehen zu Fuß, wieder andere lenken das feurige Dreigespann oder reiten die Rosse, deren Hufschlag klingen soll wie der Klang gegeneinandergeschlagener Metallbecken. Die letzten endlich, auf der Westseite, vollenden und rüsten erst Kleidung und Schirrung. Das Volk Athens, der Stadt, die Thukydides in Perikles' großer Leichenrede wenige Jahre später die Erzieherin von ganz Griechenland genannt hat.

Man spricht bei den Figuren des Frieses von typischer Bildung, weil alle den gleichen großen Zuschnitt haben, dessen Eindruck dadurch verstärkt wird, daß jeder Einzelne ganz bei der Sache ist: ein gleichmäßig feierlicher Ernst beseelt alle in der Erfüllung der einen heiligen Pflicht des Zuges zu den Göttern. Es bleibt kein Raum zu Äußerungen persönlichen Wollens und Wünschens, wenn alle Gedanken auf einen Zweck gerichtet sind, wie hier. Aber trotz der bewußten Beschränkung individueller Charakteristik und trotz der durch den Gegenstand gebotenen Gleichmäßigkeit der Empfindung ist jede Gestalt ein bestimmter unvergeßlicher Mensch. Nur prägt sich die Besonderheit jedes Einzelnen nicht in den Zügen des Gesichtes aus – wo wir den Ausdruck der Persönlichkeit fast allein zu suchen und zu sehen gewohnt sind, sie erfüllt die ganzen Gestalten; hier aber in einem Maße, daß man für jeden Einzelnen den Namen suchen möchte, auf den er hört. Ja jedes Tier ist in Haltung und Gang ein Individuum. Nicht ein Mädchen trägt das faltenreiche Gewand ganz wie die Nachbarin, nicht ein Jüngling faßt den Opferkrug, den schönen, wie der Nachbar, nicht ein Reiter sitzt so zu Pferde wie die Genossen, obwohl sie alle vollendete Reiter sind, so daß man Wesen und Sinn dieser edlen Kunst ihrem Sitz und ihrer Haltung ablernen könnte, kein Gespann wirft so die Köpfe und hebt und setzt so die Füße wie das voraussprengende oder nachfolgende.

Mit spielender Leichtigkeit ist der wahrhaftungeheure Reichtum plastischer Motive der glatten Marmorfläche aufgezwungen, ohne daß man einen Augenblick ein Nachlassen der Erfindungskraft spüren könnte. Das ganze Werk ist mit dem sichersten Sinn für das menschlich und künstlerisch Wohlanstehende entworfen und vollendet.

Endlich die Giebelgruppen. Nur geringe Reste von beiden sind erhalten. Im Gefolge der schrecklichen Pulverexplosion, die im Jahre 1687 die Flanken des Tempels zerriß, müssen auch diese Teile gelitten haben. Aber das Erhaltene ist so überwältigend, daß man vergißt, nach dem Verlorenen zu fragen, zumal es doch einmal unersetzlich bleibt.

Welch Sturm in den hochgeworfenen Häuptern der Sonnenrosse im südlichen Winkel des Ostgiebels, welches Feuer in dem abwärts gebeugten Haupt, dem einzig erhaltenen aus Selenes nächtlichem Gespann in der nördlichen Giebelecke. Der Knabenhaftigkeit des arg verstümmelten Ilissos mit der weichen schimmernden Haut sieht die männliche Jugend des Theseus gegenüber. Hier erst sind die Figuren nicht durch gegenständliche Motive aufeinander bezogen, sondern durch die von der rein plastischen Phantasie des Künstlers erfundene Notwendigkeit zu unlöslichen Gruppen gefügt. Der mit aufgerichtetem Oberkörper gelagerte Gott im Westgiebel, an den sich die knieend zurückweichende Göttin erschreckt anschmiegt, seinen Nacken zutraulich mit einem Arm umfassend, die beiden thronenden Göttinnen im Ostgiebel und die ihnen entsprechende große Gruppe der Schicksalsgöttinnen, oder wie man sie sonst benennen will, mädchenhaft anmutig aneinandergeschmiegt und wieder jede einzelne in vollkommener Entwicklung des herrlichen Leibes sitzend oder offen gelagert, zierlich trotz der vollkommenen Reife jeder Form.

Das Unendliche dieser Gestalten liegt nicht darin, daß sich in ihnen vereinigt zeigt, was wir im Leben nur getrennt anzutreffen hoffen dürfen, sondern in der ergreifenden Bescheidenheit, womit der Reichtum künstlerischer Form vorgetragen wird, und in der außerordentlichen Ruhe und Sicherheit, womit den Empfindungen Gestalt gegeben ist, der unaussprechlichen Hoheit und dem doch so tröstlich Anteilnehmenden, freundlich sich Zuneigenden dieser

Göttinnen. Kein Gedanke an den Künstler taucht auf, man steht ganz allein den Marmorbildern gegenüber, deren Anblick tröstet, »wie einen seine Mutter tröstet«.

Kapitel 15.

Den Forschungen und Ausgrabungen des verflossenen Jahrhunderts verdanken wir mehr von unserer Kenntnis der antiken Kunst, als den früheren Jahrhunderten zusammengenommen. Ägina, Olympia, Athen, Halikarnaß, Pergamon, die großen Etappen in der Entwicklung der griechischen Kunst, sind uns erst im Verlauf der letzten hundert Jahre bekannt geworden.

Diese außerordentliche Bereicherung unseres Besitzes mußte das Urteil im Großen und im Einzelnen beeinflussen. Wir sind nicht mehr geneigt, die Mannigfaltigkeit der Formen unter ein charakterisierendes Schlagwort zusammenzufassen, das den griechischen Künstlern irgend eine formale Tendenz unterschieben würde, die ihnen gewiß ferngelegen hat. Aufrichtigkeit aber und Gesundheit waren die Lebenselemente der griechischen Kunst.

 tredition®

Über tredition

Eigenes Buch veröffentlichen

tredition wurde 2006 in Hamburg gegründet und hat seither mehrere tausend Buchtitel veröffentlicht. Autoren veröffentlichen in wenigen leichten Schritten gedruckte Bücher, e-Books und audioBooks. tredition hat das Ziel, die beste und fairste Veröffentlichungsmöglichkeit für Autoren zu bieten.

tredition wurde mit der Erkenntnis gegründet, dass nur etwa jedes 200. bei Verlagen eingereichte Manuskript veröffentlicht wird. Dabei hat jedes Buch seinen Markt, also seine Leser. tredition sorgt dafür, dass für jedes Buch die Leserschaft auch erreicht wird.

Im einzigartigen Literatur-Netzwerk von tredition bieten zahlreiche Literatur-Partner (das sind Lektoren, Übersetzer, Hörbuchsprecher und Illustratoren) ihre Dienstleistung an, um Manuskripte zu verbessern oder die Vielfalt zu erhöhen. Autoren vereinbaren direkt mit den Literatur-Partnern die Konditionen ihrer Zusammenarbeit und partizipieren gemeinsam am Erfolg des Buches.

Das gesamte Verlagsprogramm von tredition ist bei allen stationären Buchhandlungen und Online-Buchhändlern wie z. B. Amazon erhältlich. e-Books stehen bei den führenden Online-Portalen (z. B. iBookstore von Apple oder Kindle von Amazon) zum Verkauf.

Einfach leicht ein Buch veröffentlichen: **www.tredition.de**

Eigene Buchreihe oder eigenen Verlag gründen

Seit 2009 bietet tredition sein Verlagskonzept auch als sogenanntes "White-Label" an. Das bedeutet, dass andere Unternehmen, Institutionen und Personen risikofrei und unkompliziert selbst zum Herausgeber von Büchern und Buchreihen unter eigener Marke werden können. tredition übernimmt dabei das komplette Herstellungs- und Distributionsrisiko.

Zahlreiche Zeitschriften-, Zeitungs- und Buchverlage, Universitäten, Forschungseinrichtungen u.v.m. nutzen diese Dienstleistung von tredition, um unter eigener Marke ohne Risiko Bücher zu verlegen.

Alle Informationen im Internet: **www.tredition.de/fuer-verlage**

tredition wurde mit mehreren Innovationspreisen ausgezeichnet, u. a. mit dem Webfuture Award und dem Innovationspreis der Buch Digitale.

tredition ist Mitglied im Börsenverein des Deutschen Buchhandels.

Dieses Werk elektronisch lesen

Dieses Werk ist Teil der Gutenberg-DE Edition DVD. Diese enthält das komplette Archiv des Projekt Gutenberg-DE. Die DVD ist im Internet erhältlich auf **http://gutenbergshop.abc.de**